세상에 나가면 일곱 번 태어나라

세상에 나가면 일곱 번 태어나라

아틸라 요제프 시집

공진호 옮김 | 심보선 해설
아티초크

아틸라 요제프는 헝가리 시의 역사를 새로 쓴 시인이다. 그는 열일곱 살 때 첫 시집 『아름다움의 구걸인』에 이어 『외치는 것은 내가 아니다』, 『아버지도 어머니도 없다』, 『슬럼가의 밤』을 낸 시인이자 신문팔이, 행상, 청소부, 과외 교사, 선박 급사, 건설 인부, 배달원, 외판사원, 경비원, 속기사 등으로 생계를 유지한 노동자였다. 요제프는 이미 일곱 살 때 다른 가난한 아이들처럼 남의 집에 위탁되어 돼지치기로 일했고, 극심한 노동으로 아홉 살 때 처음 자살을 시도했다. 1924년 「반항적인 그리스도」라는 시가 신성모독이라며 재판받을 당시에 찍은 이 사진은 그의 구슬픈 시구절을 떠올리게 한다 — "노동자든 시인이든 매일 반이라네, 조금씩 피를 쓰다 투명해지고".

차례

아틸라 요제프의 자기소개서   12

마지막 전투   20
애가(哀歌)   23
묘비명   27
일곱 번째 사람   28
노크하지 말고   31
종   33
얼룩덜룩   35
어른거리는 장미   37
여름의 오후   40
서리   42
누런 풀   44
유리 제조공   45

노동자여	47
어머니	49
아론 요제프	51
나는 마침내 아버지를 이해한다	53
지친 사람	56
인간	57
바보가 되어라	59
개	61
앉고 서고 죽이고 죽고	63
칠 일 동안	65
희망이 없이	67
나의 장례식	69
외치는 것은 내가 아니다	71
온마음을 다하여	73
격려의 노래	75
토마스 만을 환영하며	76
마음의 비밀 — 프로이트의 여든 번째 생일에 부쳐	79
나는 몰랐다	81
송시	83
숨쉬게 하라!	91
당신들만 내 시를 읽어야 한다	95

봄날의 진흙탕	96
4월 11일	98
안개 속에서, 침묵 속에서	101
저녁 구름 위에	104
아틸라 요제프	106
여름	108
설움	110
내 사랑	112
다이아몬드	114
머나먼 헝가리	116
드디어 고향을 찾았다	118

해설 | 나는 시인의 연보를 읽는 것을 좋아한다 — 심보선	120
옮긴이의 말	125
아틸라 요제프 연보	131

자기소개서

아틸라 요제프

나는 1905년 부다페스트에서 태어났습니다. 종교는 그리스정교이고, 아버지는 내가 세 살 때 헝가리를 떠났습니다. 그래서 아동보호국의 주선으로 나는 외최드(Öcsöd)* 에 사는 양부모에게 입양되었습니다. 일곱 살까지 그곳에서 살았는데, 여느 가난한 집 아이들처럼 그때 이미 돼지치기 일을 시작했습니다. 나중에 할머니가 나를 데려가 부다페스트의 학교에 보냈습니다. 어머니는 세탁과 같은 가사노동으로 가족의 생계를 꾸렸습니다. 이 집 저 집 다니며 일하던 어머니는 아침에 나가면 밤이 늦어서야 돌아왔습니다. 돌보는 사람 없이 방치된 나는 수업을 빼먹어 곤란해진 적도 있었지만, 3학년 교과서에서 훈족 왕 아틸라에 관한 이야기를 읽고 독서에 몰입하기 시작했습니다. 내 이름이 아틸라여서 더 흥미로웠습니다. 양부모는 나를 '스티브'라는 이름으로 불렀습니다. 기독교인의 이름에는 아

---
* 헝가리 남동부의 작은 마을.

틸라라는 이름이 없다고 들어서 아틸라 왕의 이야기는 놀라웠습니다. 이를 계기로 나라는 존재에 대해 의문을 품기 시작했습니다. 나는 다른 사람들의 의견을 속으로 면밀히 검토해 보는 아이였습니다. 그리고 내가 알고 있는 것, 즉 내 본명이 아틸라라는 사실을 모두에게 입증할 수 있기 전까지는 스티브라는 이름을 받아들였습니다.

내가 아홉 살이 되던 해에 제1차 세계대전이 발발했고, 생활은 더 어려워졌습니다. 나는 배급소에서 식량을 탔는데, 저녁 7시부터 이튿날 아침 7시 반까지 밤새 줄을 섰어도 내 차례가 오기 직전에 식량이 다 떨어졌다는 소리를 듣는 날도 있었습니다. 나는 힘닿는 데까지 어머니를 도왔습니다. 빌라그 극장에서 물을 팔기도 하고, 페렌츠바로슈역에서 석탄과 나무를 훔쳐 땔감으로 쓰기도 했습니다. 색종이로 팔랑개비를 만들어 가정 형편이 괜찮은 아이들에게 팔았고 시장에서 광주리나 시장바구니, 포장한 물건을 나르는 일도 했습니다. 1918년 여름에는 카로이 왕의 어린이 복지 기금 후원으로 아바찌아의 캠프에 갈 수 있었습니다. 어머니는 자궁 종양으로 건강이 안 좋았고, 그래도 나는 혼자 힘으로 아동보호국의 원조를 받아 짧은 기간이나마 모노르*에 갈 수 있었습니다. 부다페스트로 돌아오자마자 나는 신문

---

* 헝가리 중남부의 작은 도시.

과 우표, 식권, 은행권 등을 팔았습니다. 부다페스트가 루마니아에게 점령당했을 때는 카페에서 빵을 관리하는 일을 했습니다. 초등학교를 졸업하고 중고등학교에 다니고 있을 때였습니다.

어머니는 1919년 크리스마스 연휴에 돌아가셨습니다. 그 후 매형인 마카이 외된 박사가 내 법적 후견인이 되었습니다. 나는 봄과 여름에 애틀랜틱 선박 회사의 예인선에서 일하면서 특수 중고등학교 입학시험을 준비했습니다. 매형과 산도르 박사는 나를 살레지오 수도회에 들여보내려고 신학교 예비 교육을 받도록 했지만 나는 2주 만에 그만두었습니다. 어차피 나는 로마가톨릭 교인이 아니라 그리스정교회 교인이었으니 안 될 일이었고, 곧장 템케 기숙학교로 진학하여 바로 장학금을 받아 공부할 수 있게 되었습니다. 여름방학에는 메죄헤게슈 인근의 학생들을 상대로 과외를 해서 하숙비를 벌었습니다. 자살 기도를 하기도 했지만 중고등학교 6년을 우등으로 마쳤습니다. 자살 기도는 사춘기였던 데다 환경의 변화가 많은 시기가 겹쳤기 때문인 것 같습니다. 다른 때도 그랬지만 그때도 내 곁에는 아무도 없었습니다. 그 무렵 나는 첫 시를 발표했는데, 《뉴가트》*에 내 시가 실린 것은 열일곱 살 때였습니다. 사람들은

---

* Nyugat. 20세기 전반 헝가리에서 큰 영향력을 행사한 문예잡지.

고아에 불과한 나를 신동으로 생각했습니다.

당시에 나는 외롭기도 하고 학업이 따분하기도 해서 기숙학교를 떠났습니다. 그간 수업에 잘 출석하지도 않고 공부도 안 했지만, 우수한 성적표가 말해 주듯 수업 내용은 누구보다 잘 알고 있었습니다. 그 후 남부의 키숌보르로 가서 과외 지도를 하거나, 옥수수 농장에서 경비원이나 노동자로 일했습니다. 그러던 중 인정 많은 선생님 두 분의 충고를 받들어 학교로 돌아가 남은 2년을 마저 다니기로 했습니다. 학교로 돌아간 나는 모든 필수 시험을 통과해서 급우들보다 1년 빨리 졸업했습니다. 시험을 준비할 시간이 3개월밖에 없었기 때문에 7학년 시험 성적은 그저 그랬고, 8학년 시험 성적은 만족할 만했습니다. 사실 졸업시험 성적이 더 좋았지만, 헝가리어와 역사 과목 때문에 전체 평균은 그저 만족할 만한 정도였습니다. 그 당시 나는 신성을 모독하는 시를 썼다고 당국에 고발되었는데 나중에 혐의를 벗었습니다.

졸업 후 나는 부다페스트에서 교과서 영업사원이 되었습니다. 인플레이션 기간에는 은행에 서기로 취직해 경리부에서 일했습니다. 내금(內金) 지불을 감독하는 일을 맡자 상사들이 왠지 이를 불쾌하게 생각했습니다. 그리고 자신들이 해야 할 일마저 늘 내게 떠넘겼습니다. 나는 곧 은행 일에 열의를 잃기 시작했습니다. 그들은 업무 중에도 잡지에 실린 내 시를 가지고 나를 놀렸습니다. "나도 자네 나이 때는 시를 썼지"라며 비웃곤 했는데, 그 은행은 훗날 결국 파산했습니다.

나는 작가가 되기로 결심하고 문학과 밀접한 관련이 있는 직업을 갖기로 했습니다. 그리고 세게드 대학교 문과대학에 들어가 헝가리 문학과 프랑스 문학을 공부했습니다. 많은 강의와 세미나에 출석하느라 쉴 새가 없었지만 적어도 규칙적인 식사를 할 수 있었습니다. 라이오슈 데즈이 교수가 자신의 독자적인 연구에 나를 참여자로 지명 추천했을 때 무척 만족했습니다. 하지만 희망은 곧 산산조각 났습니다. 헝가리 문학 시험관인 안탈 호르게르 교수가 모종의 일과 관련해서 나를 참고인 두 명 앞에 세운 일 때문이었습니다. 그때 호르게르 교수는 내 시의 성향 때문에 나에게 차세대 교육을 맡길 수 없다는 취지의 선언을 했습니다. 그런 말을 하면서 《세게드》에 실린 시 「온마음을 다하여」를 집어 들어 보였습니다. 얄궂은 운명의 장난이란 이런 걸까요? 그 시는 제법 유명세를 탔고 평론만 해도 여기저기에 일곱 편이나 실렸습니다. 하트바니 라이오슈*는 그 시를 전

---

* Hatvany Lajos (1880-1961). 헝가리의 저명한 작가이자 비평가.

후 세대뿐 아니라 "미래 세대"에 대한 기록이라고 평했습니다. 《뉴가트》의 이그노투스*는 아틸라 요제프가 "놀라운" 시를 "영혼으로 애무하고, 어르고, 소중히 여겼다"고 평했습니다. 그는 이 시를 새로운 시의 모델로 시학 논문에 싣기까지 했습니다.

그 이듬해인 22세 때 나는 비엔나 대학교에 등록하고, 신문을 팔거나 비엔나의 헝가리어 아카데미의 숙소를 청소하는 일을 했습니다. 아카데미의 교장은 내가 누구인지 알고는 모든 일을 그만두게 했습니다. 그는 아카데미에서 내게 식사를 제공하게 하고 과외 학생까지 알선해 주었습니다. 그렇게 해서 나는 앵글로오스트리아 은행 이사의 두 아들을 가르쳤습니다. 4개월 동안 이불보도 없이 비엔나에서 슬럼 생활을 하다가 하루아침에 하트바니의 성에서 손님으로 생활하게 되었습니다. 안주인인 히르슈 부인은 여름이 끝날 무렵 내게 파리를 여행할 수 있는 여비를 주었습니다. 나는 그 돈으로 파리로 가서 소르본 대학교에 입학했습니다. 그 이듬해 여름은 프랑스 남부의 어촌에서 지냈습니다.

나는 부다페스트 대학교로 돌아가 남은 두 학기를 마쳤지만 교사 자격증 시험을 보지 않았습니다. 호르게르 교수

---

* 베이글베르크 후고(Veigelberg Hugó, 1869-1949). 뉴가트를 창립한 작가. "이그노투스"는 '익명'을 뜻하는 라틴어 필명.

때문에 교사직을 얻지 못할 것 같았기 때문입니다. 무역협회가 창설되었을 때 나는 프랑스와의 교신을 담당하는 직원으로 채용되었습니다. 그 부서장에게 연락하면 기꺼이 추천서를 써 주었을 테지만 나는 뜻하지 않게 다른 일련의 좌절도 겪게 되었습니다. 삶은 나를 강인하게 단련시킨 반면 더 이상 그렇게 살아가는 것을 견디지 못하게 만들었습니다. 보건소에서는 내게 신경쇠약증이 있다며 요양소에 입원하라고 했습니다. 나는 무역협회에 짐이 되지 않기 위해 스스로 그만두었습니다. 그리고 지금은 전적으로 글 쓰는 일에 의존해 살고 있습니다. 나는 문학비평 잡지 《셉소》의 편집인입니다. 모국어인 헝가리어 외에 프랑스어와 독일어를 읽고 쓸 줄 알고, 헝가리와 프랑스 간의 무역에 필요한 서류 업무를 볼 수 있습니다. 타자도 나름 잘 친다고 생각합니다. 속기를 배운 적이 있어서 한 달만 연습하면 다시 잘할 수 있을 것입니다. 인쇄술을 잘 알고, 내 생각을 명확히 표현할 줄도 압니다. 나는 스스로 정직하다고 생각하며 이해력은 남달리 예리한 것 같습니다. 일에 관한 한 천성적으로 착실합니다.

참고로 아틸라 요제프는 1937년 입사지원서의 일부로 이 자기소개서를 썼다. 그로부터 10개월 뒤 그는 화물열차에 몸을 던져 스스로 목숨을 끊었다.

자신의

영혼을

만들어 가는

사람

마지막 전투

보일러 청소와
화초 다듬는 일을 하던 나는
형을 선고받고
감옥에서 조롱당했다
시인이라고 예술가라고
선동가라고
엉터리라고
그리고 다른 사람들을 위하여
노래 부르고
빵 굽기를 좋아하는
여자를 사랑했다
그녀는 사람들에게 미모 외에
다른 선물들을 선사하고
나는 일하는 농부들에게
책을 나눠주었다

어려움에 처한 부잣집 여자와
사랑을 나눴지만
그 계층은
친절하지 않았다
나는 하루걸러 한 끼 먹는데
위궤양은 매일같이 나를 좀먹는다
세상이 돌아가듯
위장도 휘돌고
내 안의 사랑은 연소되고
세상은 역겹고
전쟁은 토사물이고
우리의 입안으로 들어가는 것은
음식이 아닌 비겁한 침묵이고
변화를 위해 스스로를 걷어찬 나는
분노하기에 충분한
혼란으로 가득한 시대의 시인
성직자들은 말한다
주를 위해 일하라
나는 참을 수 없이 따분한 심정이다
뼈가 닿는 소리를 아는 나는
도끼와 칼과 돌을 집으려 손을 내민다

그럴 수 있다고 생각하는 사람인 나
더 친절한 세상을 만들 수 있다고 생각하는 사람인 나
스스로를 생존자로 기억할 수 있는 사람인 나
그런 나는 시인이요 선지자
인간의 영혼을 위한 전쟁의 심해 잠수부
그런 내가 어째서 돈을 위해 신념을 버릴까 보냐
이 모든 비참한 기억에도 불구하고
나는 정말 좀 더 좋은 세상을 만들 수 있을까?

연필을 잠시 쉬게 하고
낫을 가는 편이 낫지 않을까?

때가 가까이 왔다 때는 지금이다
침묵이여! 그 공포여!

애가(哀歌)

솟아오르기엔 너무 무거워
낮게 떠도는 내 영혼처럼
부푼 납빛 하늘 아래
낮게 깔린 연기가 서성인다
굳어 버린 혼령, 가녀린 형상들
시대의 진리를 좇아
자아로 향하는 발자국을 좇아
그 근원을 좇아가더라도 저 아래를 보라

저기 다른 시대를
소란스러운 하늘 아래
초췌한 방화벽 옆에서
괴로워 침묵하며
웅크리고 있던 때를
앞날을 점치고 하소연하고

수백만이 어우러진
칠흑의 어둠을 녹이던 때를

온 민족이
여기에 뭉쳐 있다, 모든 것은 황폐한데
뻣뻣한 민들레꽃
황폐한 주물 공장 마당에 양산을 편다
눅눅한 햇빛이
사금파리를 헤치고
누런 계단을 오른다

대답해 보오.
원래 여기 사는 사람이오?
그리움이 무섭게 사무쳐
그치지 않는 이곳
억겁의 세월에 눌린
비참한 현인
말마다 주름마다 표정마다
일그러진 얼굴들

여기서 쉬자. 불구가 되어

삐걱거리고 신음하며
오만한 체제의 곁을 지키는 국경에서
그대는 스스로를 알아볼 수 있는가?
인생의 잡음으로 아로새긴
높은 집을 꿈꾸고
대지처럼 근사하고
든든한 미래를 기다리는
텅 빈 허공 속 그대와 나

진흙 속에 박힌
사금파리만이
그 대리석 눈으로
풀밭을 본다

모래 언덕에 흩뿌려진
모래 한 자밤. 윙윙거리는 소리
검푸른 파리들이 몰려와
음식 찌꺼기와 넝마 위에 앉네
저당 잡힌 땅 한 조각에
상이 차려지고
무쇠 타구에는 누런 풀꽃이 피어난다

그대를 놓지 않고 계속
그 풍경 속으로 끌어당기는
그 소슬한 기쁨을
그대는 알아보는가?
거기서 그대를 못 나가게 하는
격심한 고통을
매 맞아 먼 구석에 처박힌 어미가
자식을 그리워하며
눈물 흘릴 수 있는 곳을
그대 자신이 될 수 있는 곳을
혼자 있을 수 있는 곳을
여기는 고향 땅이건만

묘비명

그는 명랑하고 친절하고
고집스러운 구석도 있었다
부당한 취급을 받으면 억울한 심경을 토로했다
먹는 것을 좋아하고 어떤 면에서는
하느님을 닮았다
그의 외투는 유태인 의사의 선물이지만
가족에게서 받은 것이라곤 오직
안 보게 되어 속시원하다는 말
그리스정교회에서 발견한 것이라곤
사제뿐, 평화는 거기에 없었다—
그는 죽은 다음에야 온 나라에 알려졌지만

슬픔을 억누르십시오

일곱 번째 사람

세상에 나가면
일곱 번 태어나라—
불난 집에서
눈보라 치는 빙원에서
광란의 정신병원에서
바람이 휘몰아치는 밀밭에서
종이 울리는 수도원에서
비명을 지르는 돼지 우리 속에서
여섯 아이가 울었어도 충분하지 않아—
너 자신이 일곱 번째 아이라야 해!

생존을 위한 싸움을 할 때에는
적에게 일곱 사람을 보여라—
일요일 하루는 쉬는 사람
월요일에 일하기 시작하는 사람

대가 없이 가르치는 사람
물에 빠져 수영을 배우는 사람
숲을 이룰 씨앗이 되는 사람
야만의 선조들이 보호해 주는 사람
하지만 그들의 재주로는 충분하지 않아—
너 자신이 일곱 번째라야 해!

사랑하는 사람을 원하면
일곱 남자를 보내라—
가슴을 담아 말하는 남자
자신을 돌볼 줄 아는 남자
꿈꾸는 사람임을 자부하는 남자
스커트로 그녀를 느낄 수 있는 남자
호크와 단추를 아는 남자
단호한 태도를 취하는 남자
그들이 날벌레처럼 그녀의 주위를 맴돌게 하라—
그리고 너 자신이 일곱 번째라야 해!

그리고 할 수만 있다면 시인이 되어라
시인은 일곱 사람으로 이루어진다—
대리석 마을을 짓는 사람

꿈을 타고난 사람
하늘의 지도를 그릴 줄 아는 사람
언어의 선택을 받은 사람
자신의 영혼을 만들어 가는 사람
쥐를 산 채로 해부할 줄 아는 사람—
둘은 용감하고 넷은 슬기롭지만
너 자신이 일곱 번째라야 해!

이 모든 것을 이루고 죽으면
일곱 사람이 묻힐 거야—
품에 안겨 입에 젖을 문 사람
젊은 여자의 단단한 가슴을 쥔 사람
빈 접시를 내던지는 사람
가난한 사람들이 이기도록 도와주는 사람
몸이 부서지도록 일하는 사람
밤새도록 달을 바라보는 사람, 그러면
세상이 너의 비석이 될 거야—
너 자신이 그 일곱 번째 사람이라면

노크하지 말고

내가 당신을 사랑하면 노크하지 말고 들어와요
하지만 그전에 잘 생각해요
밀짚으로 엮은 매트리스를 침대로 주리니
신음하듯 부스럭거리는 매트리스를

생수로 주전자를 채우고
가실 때는 신을 닦아드리지요
여기서는 아무도 우리를 방해하지 못하리니
편안히 구부리고 옷을 기울 수 있으리오

침묵이 너무 무거워지면 내가 말을 하고
피곤하면 하나뿐인 내 의자를 드리지요
방 안이 더우면 단추를 풀고 옷을 느슨하게 풀어요
배고프면 깨끗한 종이를 접시로 써요
먹을 것이 있을지는 모르지만 있다면

내 것도 조금 남겨 주오—나도 늘 배가 고프다오

내가 당신을 사랑하면 노크하지 말고 들어와요
하지만 그전에 잘 생각해요
오래 떨어져 있으면 아플 테니까요

종

종을 만드는 일은
누군가 사랑하는 사람의
푸른 눈을 잊을 수 없어
잊을 수 없어 생각해 냈으리라

숲속에 종소리가 울리기 시작한다
누군가 부르고 있다
새벽에는 종이 주렁주렁 달려 있다
새벽은
젊은 아낙의 가슴속에서 태어난다

언젠가 한 소녀가 홧김에
제 작은 종을 수풀 속에 던져 버리고는
잃어버린 종의 종소리가 그리워
창백해져 가는데

한 부잣집 도련님이
제 시녀의 목에 종을 걸어 주었다

그 시녀는 간혹 꿈속에서도
딸랑딸랑 그 종소리를 듣는다지
종이란 물건이 없었다면 내가
그것을 발명했으리

얼룩덜룩

새끼 사슴처럼 사뿐사뿐한 발걸음
작은 꽃봉오리 입에 물고 그녀가 오네
열심히 일해서 얻은 담뱃대를
나는 그만 툭 떨어뜨렸지

저 노쇠한 풀잎들은
청춘의 아픔을 치르고 있다
풀잎들이 저런 야들야들한 다리를
마지막으로 본 게 언제였을까

오늘 밤 나는 풀잎이 되어야지
보랏빛 이슬 달려 늘어진 풀잎
빳빳하고 인내하는 풀잎이 되어
네가 그 위에서 마지막 변덕의 춤을 추게 하리

얼룩덜룩한 치마를 입고 도리깨질하던 네가
나를 보자마자 뒤돌아섰지—
내가 차가운 물을 가져와
풀잎에 붙은 불을 꺼야 하니까

어른거리는 장미

내 영혼의 안개 속에 선 그녀,
나의 장미꽃, 한 줄기 꽃자루.
앵무새 새벽이 날개로
그녀의 머리를 스쳐 날아갔건만
고요한 저녁 시간,
그녀는 말없이 눈웃음 짓네.
잎가에 멈춘 달빛,
가시에 앉은 별빛.

허리에는 엉겅퀴 화환,
빛도 뿌연 장미는 그토록 서러워
햇빛은 어둠에 갇히고
내게 온 봄과 새벽마저 꼼짝없이 묶였으니
주여, 그녀가 쓰러지지 않게 해 주오!
그녀는 떨며 살 운명이라지만

거친 바람이 눈보라의 노래로
그녀를 휘감으며 들쑤신답니다.

열한 살 때의 아틸라 요제프와 작은누나 에텔카.

여름의 오후

가위 소리도 짤각짤각
잔디를 다듬다
일손을 멈추네
뒷모습만 보아도 알 수 있는
하품하는 누이 모습

라디오는 소리가 꿈틀꿈틀
창가의 벌은 윙윙
바람은 산들산들
빙빙 춤추며
폭신한 잔디를 돌아다니네

따뜻한 웅덩이에
고인 시간
허무를 놀다 멈춘 듯하여도

여전히 흘러감을 아는 것은
꽃잎이 지기 때문

나는 잠들었는지
글을 쓰고 있는지
어느 쪽인지 알 수 없네
아내가 흰 천으로
식탁을 덮으니

하늘마저 흰 아마포
눈부신 흰빛으로 넘치고
의자 위 유리그릇은
산딸기의 빛으로 반짝이네

나는 행복하다네
사랑하는 사람이 있어
내 곁에서 바느질하며
멀어져 가는 화물선의 경적 소리에
나와 함께 귀를 기울이니

서리

가을은 거칠고 음울했다
이제 곧 서러운 눈이 내릴 것 같다
된서리가 맑은 유리창을 두드린다
계절은 성마르다

은행가와 독재자의 계절
지금 이 시대
망치로 다져진 추위
발광 신호등의 시대
칼의 시대

무장한 하늘에 쇳소리가 절거덕거린다
서리가 폐부를 뚫고
누더기 입은 맨가슴을 찌른다
시간의 수레바퀴가 삐걱거리며 돌아간다

창문 너머 묵묵히 쌓인
차가운 통조림과 빵 덩어리
층층이 쌓인 냉동식품
쇼윈도의 계절

사람들이 소리친다
"그 돌 좀 줘!
그 쇠 파이프 좀 줘!
죽여! 짓밟아! 갈겨!"
요즘 세상은—

누런 풀

모래밭 누런 풀,
수척한 노파 바람,
불안한 짐승 같은 웅덩이,
바다는 잔잔히 이야기하고

나는 조용히 재산 목록을 흥얼거린다.
전당포에 잡힌 겨울 코트는 나의 집.
석양빛은 모랫둑에 부서지는데
내게는 살아갈 용기가 없다.

회오리치는 푸른 하늘에
빛나는 것은 많디많은
시간의 산호초, 죽은 세상,
자작나무, 여자, 빈민 아파트.

유리 제조공

불을 일으키고
도가니 속에
투명한 용액을 끓이고
피와 땀을 섞어 넣는
유리 제조공
젖 먹던 힘을 다해
용액을 붓고는
매끈한 판유리를 만드네

해가 뜨면
빛을 가져가지
도시로
작은 시골 마을 오두막으로

노동자라고도 하고

시인이라고도 하는 그들—
노동자든 시인이든 매일반이라네
조금씩 피를 쓰다
투명해지고
미래를 향한 큰 크리스털 유리창을
우리를 위하여 끼운다네

노동자여

잠시 연장을 내려놓게
쇠처럼 완고한 친구들과 함께
자네의 가슴을 풀어놓게
이제는 기억에서 희미해진 형제들
고목의 뿌리를 감싸고 있는 형제들
그들에 대해 할 말이 많다네
고목 아래 따뜻이 서로 엉겨
젖빛 별무리가 흘리는 달콤한 젖을 먹고
위로의 노래를 부르기 원하는
뱀들의 그림자는 겁 많은 아이들의 꿈속에서
스르르 미끄러져 나가지만
하늘의 젖소가 풍성하고
따뜻한 선물을 가지고 올 무렵이면
새파래졌다 곧 희미해진다네

내가 새를 가져왔네 자네가 원한 것이지
솔직히 말하고 싶어 자네가 원하는 바니까
내 손길이 간 것은 모두
이제 자네의 손안에 있어
그들이 자네에게 숨기고 있는 것을
이제 내가 말해 주겠네

어머니

어느 일요일 짙게 물든 황혼,
두 손에 컵을 든
어머니가
살포시
미소하며 앉아 있다.

어머니가 부잣집에 품을 팔아
작은 냄비에 담아 온 저녁거리.
부자들은 밥을 큰 솥 가득 해 먹는가 보다는 생각이
잠자리에 든 나의 머릿속을 맴돌았다.

자그마한 몸집의 어머니,
세탁부들이 대개 그렇듯 일찍 돌아가셨다.
무거운 세탁 바구니를 옮길 때 떠는 다리,
다리미질이 주는 두통.

세탁부들에게는 빨래더미가 산이고
다리미의 수증기는 구름이고
기후 좋은 휴양지 대신
지붕 밑 다락방이 있었다.

다리미질하다 쉬는 어머니가 눈에 선하다.
점점 야위어 간 어머니의 연약한 몸은
결국 자본에 꺾였다. 생각해 보라,
그게 어떤 것인지,
나처럼 가난한 친구여.

나는 세탁 일로 구부정한 어머니가
아직 젊은지도 몰랐다.
꿈속의 어머니는 말끔한 앞치마를 두르고
집배원의 인사를 받았다.

아론 요제프

내 아버지 이름은 아론 요제프,
비누 제조공, 지금은
대양 저 건너에서
싱그러운 잔디를 깎고 있다네.

내 어머니 이름은 보르발라 푀체,
암에 만신창이 된 어머니.
솔질하는 지네가
어머니의 배와 내장을 먹었다네.

나는 루시를 끔찍이도 사랑했건만
루시는 나를 사랑하지 않았다네.
가구라곤 그림자들뿐,
친구는 한 명도 없건만

내 모든 근심 사라져
영혼이 되었다네.
하여 나는 영원히 살 수 있다네,
주인 없는 사람으로, 바보로.

나는 마침내 아버지를 이해한다

나는 마침내 이해한다,
메아리치는 대양 건너
아메리카로 간 아버지를 이해한다.

새삼스러울 게 없지만, 아버지는 떠났다.
아버지는 타고난 자기 몫을,
자신의 행운을 찾으려 용감히 떠났다.

고국에서의 기회는 점점 줄어들고
희망은 쓴맛을 보았다.
아버지는 비누 제조에 신물이 났다.

나는 마침내 이해한다,
메아리치는 대양 건너
아메리카로 간 아버지를 이해한다.

군자들은 약탈을 일삼고
아버지는 보따리를 매고 돌아다녔지,
열심히 일하면 돈 벌 수 있다는 곳을 찾아서.
고향 산간에 그의 것이라곤
풀 한 포기 없다는 사실을 기억하며
뱃멀미 나는 파도에 몸을 실었다.

가족을 두고 떠난 아버지는 현명했다.
자식들이 그가 힘들여 벌어 보냈다는
푼돈에 감사할 필요는 없으리라.

아버지가 죽으면 저주할 테지.
물론 아버지는 윤리나 들먹거리는 꼰대도,
거짓말쟁이도 아니었다.

나는 마침내 이해한다,
메아리치는 대양 건너
아메리카로 간 아버지를 이해한다.

마침내 나도 나의 신세계를 향해 출발한다.

플로라, 그녀는 나의 아메리카.
고국의 해안선이 서서히 물에 잠겨 없어진다.

나는 이제 저 아픔과 두려움에서 헤어났다.
인간의 얼굴로 이루어진 심연에서
새로운 이해의 가장자리가 그 모습을 드러낸다.

아버지가 처음에 그랬듯이
신이 존재하지 않더라도
나는 이 세상을 신에게 의탁하리라.

그것은 탈출할 생각의 포기가 아니다.
사랑을 위해서라면 용인되는 방식으로
도둑질도 살인도 마다하지 않으리라,

지친 사람

밭의 농부들이 엄숙히 흩어져
말없이 집으로 간다.
강물과 나, 우리는 나란히 누워 있다.
내 가슴 아래 여린 풀이 잠잔다.

강물에는 깊은 고요가 감돌고
시름은 이제 이슬처럼 가볍다.
나는 어른도 아이도
'헝가리인'도 '동포'도 아니다—
여기에 누운 나는 당신처럼 지친 한 사람.

저녁은 고요를 퍼 담고
나는 따뜻한 빵 한 조각인데
고즈넉한 하늘의 별,
강가에 나앉더니 내 머리를 밝히네.

인간

우리 인간 가족에게 선(善)은 이방인,
이기심은 땅 주인. 오랜 옛날부터
부자들은 본능적으로 그것을 알았지만,
빈자들은 이제야 알기 시작했다.

엮인 게 뭐든 끝에는 풀어져야 하는데,
교만하게 의롭다 자처하는 우리는
무의식 속에 죄인을 감추고 있다.
선율은 달라도 노랫말은 변함이 없다.

그래도 괜찮다, 괜찮아,
우리는 목청 높여 노래하고, 빈속에 약과 술을 먹고
울적한 노래로 마음을 모질게 다진다.

의로워지려거든 흉보(凶報)에 익숙하라.

우리는 산들산들 버드나무에 들끓는 모기처럼
아주 작은, 물어뜯는 이유들로 충만하다.

바보가 되어라

바보가 되어라! 걱정하지 말라, 이 시대의
자유는 오직 바보들을 위한 것. 우리는
이상의 포로가 되어 그들의 우리에 갇혀
원숭이처럼 철창을 두드리며 미쳐 날뛴다.

바보가 되어라! 자비와 평화는
오직 바보들만을 위한 것.
모종의 질서가 강바닥에 쌓인 더껑이처럼
그대의 가슴속에 내려앉으리.

바보가 되어라! 비방을 당해도 찡얼거리지 말라.
그대는 이기지 못하지만 패자도 되지 않으리.
결국은 바보스러울 죽음처럼 바보가 되어라.

그러면 당신은 거짓을 입에 담지 않을 것이며,

침착하고 냉정하고 강해지고 자유마저 얻으리니.
그대는 미래와 과거의 환영받는 초대 손님이 되리니.

개

거칠고 젖은 털이 화염처럼
노랗게 물든 개
굶주림과 그리움에
뼈만 앙상하고 다리를 저는
꾀죄죄한 개
차가운 밤바람이
털 속을 파고든다
녀석은 달리다 구걸한다
흔들거리는 교회 촛불이
녀석의 눈앞에 어른거린다
작은 빵조각이라도
아무거라도
적선을 구한다

내 마음속에서

기어나온 것만 같은
녀석이 불쌍하다
나는 녀석에게서 세상의 누추한
모든 것을 보았다

우리는 잠을 청한다, 그래야만 하기에
밤이 우리를 잠재우기에
그리고 우리는 잠이 든다
굶주림의 자장가를 들으면서
하지만 대도시처럼
지치고 맑고
쌀쌀한 하늘 아래
도시처럼 누워 있노라면
문득 녀석이
낮에 숨에 있던 곳
마음속에서 기어나온다
그 굶주리고 꾀죄죄한
진흙 범벅인 개가
일용할 양식을 찾아
빵조각을 찾아
코를 킁킁거리며 다닌다

앉고 서고 죽이고 죽고

의자를 걷어차고
달리는 기차 앞에 웅크려 앉고
빗속에 산을 오르고
골짜기에다 배낭을 비우고
거미에게 꿀벌을 잡아 주고
나이 든 여인을 품에 안아 보고
콩 수프와 케이크를 먹고
발끝으로 오물 속을 걷고
철로 위에 모자를 놓고
호숫가 산책길을 걷고
옷 입은 채 깊은 물속에 드러눕고
파도가 솟구치는 해변에서 일광욕하고
해바라기 사이에서 꽃을 피우고
적어도 한 번은 한숨 한번 크게 쉬고
파리 한 마리 쫓아 버리고

책의 먼지를 털고

거울에 침을 뱉고

원수들과 화해하고

긴 칼로 그들을 죽이고

그들이 피 흘리는 모습을 구경하고

색시가 걷는 모습을 바라보고

발가락을 오므린 채 가만히 앉아 보고

도시를 몽땅 불태우고

새가 딱해 모이를 주고

곰팡내 나는 빵을 내던지고

어여쁜 애인이 사랑을 더 요구하게 만들고

그녀의 여동생을 내 무릎에 앉히고

세상이 이유를 따지고 들면

개의치 않고 멀리 달아나고—

속박하고 해체하고

지금 시를 쓰며

울고 웃는

결정의 연속

내 인생!

칠 일 동안

잉크병에 펜을 담근다
파란 바다에 나를 담근다

종을 울리려 줄을 당긴다
부질없이 머리만 벽에 짓이긴다

우리가 내민 혀끝에 맴도는
약속의 길을 누가 볼 수 있으랴
세상에 헛된 것은 없고 칼로 그은 핏줄에
모든 게 소실되지는 않았음을 발견하고
생쥐마저 수정이 될 뜻을 품고
부스러기가 잔부스러기를 멸시하는 것을 발견하고
무수한 사람들 가운데 당신만이 깨끗하다는 것을 발견하고

필연적으로 몰려오는 쾌감이 있는 곳에

평온이 있다는 것을
누가 알 수 있을까
약간의 물로도 갈증을 풀 수 있는
가난한 사람들의 다리가 폭파되었다

친구여, 나는 한 주 내내 아무것도 먹지 못했다

희망이 없이

―서서히, 생각하며

결국 서러운 늪지의
모래밭에 이르러 상념에 잠긴다
주변을 돌아보고 고개를 끄덕이곤
아예 희망을 갖지 않는다

내가 세상을 바라보는 방식
은도끼가 물푸레나무의
잎들을 농락하더라도
객관적으로 낙천적으로

나의 심장이 허무의 나뭇가지에 앉아 있다
그 작은 것이 소리 없이 떨고 있는데
별들이 서서히 몰려들어

가만히 구경한다

―쇳빛 하늘에

쇳빛 하늘에 차갑게 반짝이는
발전기가 돌아간다
소리 없는 별자리들이여
내 이빨 사이에서는 언어의 불똥이 튀는데―

내 안에 과거가
우주를 가르는 불똥처럼
소리 없이 떨어진다
이 파란 시간은 소리 죽여 훨훨 날아가고
칼날의 섬광은 내 머리칼에―

살찐 애벌레 같은 콧수염이
미각을 잃은 내 입 위에 처져 있다
가슴이 아파 오고 언어는 싸늘해지는데
누가 거기 있어 내 말을 들어 줄까―

나의 장례식

사제가 웃으며 태평한 은혜의 신에게
해맑은 찬양을 올리고
먼지투성이 도로에는 꿀벌들이 윙윙
슬퍼하는 사람들과 함께 나를 따른다.

어느 갈색머리 소녀가 겁을 먹고
창문에 코를 들이대고 들여다보는데
소녀의 아버지가 긴 담뱃대로
등짝을 찰싹 때린다.

이슬 젖은 풀밭에는 싱그러운 냄새,
나무 위로는 분홍 새벽빛.
수풀은 소곤거리고 풀벌레는 뛰어다니고
거미는 그물 치고 꿀벌을 기다린다.

나의 기억은 굳어져만 가는데
밀고자가 제 이마를 탁 친다.
이제 마음껏 나를 염탐할 수 있을 테니까—
그에게 개를 풀어 덤비게 할 내가 없을 테니까.

외치는 것은 내가 아니다

우르릉우르릉 땅이 울린다!
조심하라, 조심해!
악마가 미쳤다
맑은 개울 바닥으로 잠수하라
수정 구슬을 꼭 붙들라
다이아몬드 빛 아래
벌레와 돌 틈에 숨어라
갓 구운 빵 속으로 파고들라
가신 이들이여, 가신 이들이여
소나기와 함께 땅속으로 스며들라
자신 속에 스스로를 담그는 일은 부질없으니
그대의 얼굴을 사람들의 얼굴에 씻어라
풀잎 하나 세포 하나에 불과해도
지구의 축보다 큰 그대여
아, 기계여! 새여! 꽃이여! 별이여!

애를 못 낳는 여자가 출산으로 떨고 있다
친구여, 사랑하는 친구여
최후가 아무리 끔찍하여도
외치는 것은 내가 아니다
우르릉우르릉 땅이 울린다, 땅이!

온마음을 다하여

아버지도 어머니도
신(神)도 나라도 없네
요람도 수의도
자랑스러운 키스를 해 줄 사랑하는 이도 없네

나는 사흘째 아무것도
빵 한 조각도 먹지 못했다
내게 남은 힘은 지난 이십 년의 세월뿐—
그 이십 년이라도 팔아야지

아무도 나의 외침에 귀기울이지 않겠지만
악마라면 그 이십 년을 사겠지
내 마음은 깨끗해도 방화하고 약탈해야지
어쩔 수 없다면 총이라도 쏘아야지

그들은 나를 잡아 교수형에 처하겠지
대지가 나를 덮으리니
죽음을 불러오는 풀이 돋아나겠지
아름답고 깨끗한 이내 마음에

격려의 노래

열일곱 살 나의 등에 물살처럼 불끈거리는 힘줄.
지평선 가장자리까지 또렷이 보는 눈.
어깨에 봄을 두르고 다니며
가슴에게 봄을 먹이는 나,
반항적인 나이의 멍에를 진 나는
그 무게에 눌려 신음해도 무릎만은 굽히지 않는다.
불 뿜는 용 같은 분노를,
이 시대의 슬픔을 짜내는 혀를
가슴속에 간직한다.
피라미드 사회가 발아래서 허물어지고
하늘은 휘청거린다. 태양이 내게 왕관을 씌운다.
불끈 쥔 두 주먹에서
세상의 고통이 새어 나간다.
아무것도 나의 무릎을 꿇리지 못한다,
잡초로 무성한 어머니의 무덤 말고는, 아무것도.

토마스 만을 환영하며

잠잘 시간이 못내 아쉬워—
밤의 사자(死者)를 물리치려—
옛날이야기를 청하는
어린아이처럼
마음속으로 선생님의 빛을 그립니다.
아이는 무슨 말을 해야 할지 (이야기를 원하는지 그저 선생님이 머물기를 원하는지) 모르오니
가지 마십시오! 가려거든 저희에게
선생님이 아는 것을 모두 말해 주고 가십시오.
저희가 이미 들은 이야기일지라도
또 말해 주고 다시 또 말해 주십시오.
우리는 그 어느 때보다 더
단결해야 한다는 것을,
서로 잘 어울려야 한다는 것을.
시인은 죽지 않는다지만

진실되지 않으면 죽는다는 것을 선생님은 아시죠.
칠흑같이 어두운 이 세상에서
무엇으로 시의 불을 밝힐까요?
카스토르프가 마담 쇼샤에게 그랬듯이
오늘밤 우리 서로에게 불을 밝혀요.
주위가 시끄러워도 선생님의 목소리는 들릴 것입니다.

실재에 대하여, 아름다움에 대하여,
그리움에 대하여, 고뇌에 대하여 말씀해 주세요.
우리는 최근에 코스톨라니를 묻었습니다.
암은 독재자가 사람다움을 집어삼키듯
그를 집어삼켰습니다.
까닭을 알 수 없는 공포가 무성히
어두운 지평선에 도사리고 있습니다.
그들은 어떻게 공포의 독을 풀어놓을까요?
언제까지 선생님이 말하도록 내버려둘까요?
우리는 선생님과 함께할 것입니다.
우리는 약하지 않아요.
남자인 우리는 남자다울 것이며,
여자는 자유로운 여자로서 여자다울 것입니다.
무엇보다 우리는 모두 하나입니다.

그러니 앉으십시오, 토마스 만 선생님.
이야기를 해 주세요, 우리는 듣겠습니다.
진정한 유럽인을 만나 정말 기쁩니다.

토마스 만과 이야기를 나누는 아틸라 요제프.

마음의 비밀 —프로이트의 여든 번째 생일에 부쳐

눈에 보이게
마음의 비밀을 열어요
그리고 눈이 예견하는 것을
마음으로 기다리세요

사랑은 산 사람을
죽음으로 이끈다고들 하지만
우리는 먹을 것을 탐하듯
쾌락을 탐하지요

산 사람은 모두
어머니의 무릎을 그리워한다죠
포옹하지 않을 때는 서로 죽이고요—
전쟁터는 부부의 침대라지요

나는 당신이 자식들에게 뜯김을 당해
피를 흘리면서도
수많은 자손을 낳는
이스라엘 민족의 선조와 같기를 빕니다

당신의 발에 박혔던 가시는
이제 빠졌고
당신의 죽음마저 조용히
가슴에서 떨어지고 있으니

손에는 눈이 내다본 것으로
가득 채우고
가슴속에 감추고 있는 것에
입을 맞추거나 그것을 죽이세요

나는 몰랐다

죄의식의 이론은 그저 동화라고
나는 늘 생각했다. 비웃음의 대상,
어리석고 어설픈 지껄임. 죄의식은
행동하기 두려울 때 꺼내는 이야기.

내 마음의 방에 그리도 많은 공포가
숨어 있는 줄은 몰랐다.
그것은 꿈에서 아기를 흔들어 잠재우려
톡톡 두드리는 듯했다.

나는 이제 어리석지 않다. 이 위대한 진리는
반들반들한 검은 관처럼 빛나는
내 마음의 원초적 비행(非行)을 비추니

내가 말하지 않았더라면 입이

스스로 신음하며 괴로움을 토했으리.
나는 혼자이고 싶지 않은데,
왜 당신들은 나처럼 자책하지 못하는가?

송시

1
반짝이는 바위 위에 앉으니
둘이 마주하는
저녁 식사의 따뜻함처럼
주변에 감도는 초여름 미풍.

하여 나는 고요에 마음을 길들여 본다
그것은 별로 어렵지 않은데
과거가 떼 지어 몰려오자
나는 고개를 숙이고
팔은 축 늘어진다.

짐승 갈기 같은 산을 바라다보니
이파리 하나하나
네 얼굴빛을 반사한다.

길은 텅 비었는데
바람에 펄럭이는 치마,
가슴에 스치는 머리칼이
눈에 어른거린다.
바람은 강물처럼 불어나는데
네 웃음은 새하얀 조약돌 같은
네 이를 간질이고 흐르는 시냇물 소리.

2
내가 너를 얼마나 사랑하는지
우묵하고 깊은 마음속
은밀한 음모자 고독과
우주 전체를
언어로 풀어놓을 수 있는 너를,
포효하는 폭포처럼
나를 두고
조용히 멀어지는 너를.
땅과 하늘에 몸부림치며 저항하는 소리가
내 짧은 인생의 봉우리와 계곡에 울려 퍼진다,
사랑하는 사람아!

3
내가 너를 사랑함은
아이가 엄마를
우물이 심연을 사랑함같이,
내가 너를 사랑함은
방이 빛을
영혼이 정열을
몸이 평화를 사랑함같이,
죽어 가는 사랑이 생명을 사랑함같이.

땅이 하늘에서 떨어지는
모든 것에 집착하듯
나는
너의 모든 웃음에 너의 모든 움직임에
너의 모든 말에 집착하니
산이 쇠를 먹듯
나의 본능은 너와
너의 모든 존재를 부식시켜
나의 뇌리에 새긴다.

시간이 해를 거듭하며 발을 질질 끌어도
너는 나의 귀에 침묵의 화신,
별이야 뜨건 말건
나의 눈에는 맹렬히 반짝이는 빛,
나의 입가에 맴도는 너의 향내는
깊디깊은 동굴의 선선함 같고
나의 잔디밭에 네가 남긴 지문은
햇빛 속에서 가물가물 빛나며
섬세한 무늬를 드러낸다.

4
나는 무엇으로 만들어졌기에
네가 한 번 쳐다보는 것만으로
고쳐지기도 하고
깨지기도 하는가
너는 영혼의 빛같이
허공에 나타나고
나는 너의 비옥한 몸
그 언덕과 계곡을 더듬어 몸을 구부린다.

언어의 신비가 펼쳐지듯

네가 저 아래 펼쳐지니
나는 아래로 더 아래로 내려가고

너의 핏줄은 바르르
장미덩굴 떨 듯하고

거기에는 영겁의 흐름이 있어
사랑이 너의 얼굴에
꽃을 피우니 너의 자궁 속
열매는 복이 있으리.

세포들은 생명의 성체를 이루어
섬유처럼 위벽을
헤집고 꿰어
묶고는 다시 푸는구나.

고고한 나뭇가지 같은 폐부는 숨결마다
너의 영광을 흥얼거리는데

너의 오장육부는 영원의 물질
긴 터널을 기뻐하며 굽이도니

배설물이 콩팥의 따스한 샘에
새 생명을 모은다.

산들은 너의 안에서 치솟았다 내려앉고
별들은 파르르 떨고 강물은 영원히 흐르고
본연의 공장들은
너의 세포 조직을 돌리고
무수한 생명체들은
생명으로 충만하여
벌레들
해초들
자비와 잔인
찬란한 태양
북극광의 장막
그리고 불멸
그 모든 것이 너의 안에 있다.

5
너에게 비처럼 내리는 나의 말은
하나하나 핏방울
나의 존재는 더듬거릴지라도

주사위는 이미 던져졌고
나의 성실한 오장육부는
날마다 회생하고
날마다 죽을 것을 알지만

그날이 오기까지
분노하는 것은—
이십 억 가운데
사랑하는 사람은 너 하나이기 때문
요람과
침대와 무덤
그 모든 것이 나를 받아들이리.

서사시 같은 새벽이 밝았다.
전군(全軍)의 핏줄이
금속처럼 반짝인다
여기는 눈이 너무 부시다.
나는 길을 잃은 것 같다.
소리가 난다,
천둥치는 소리가
내 심장 소리가.

6
발문

나는 너를 쫓아 기차를 탔다.
너를 따라잡을 수 있을지 모르지만
불이 꺼질지도 모른다 어쩌면
네가 이렇게 말할지도 모르지.
"목욕물을 받아 놓았어요
내 숄을 타월로 쓰세요
저녁은 난로 위에 있어요
내가 누울 곳은 당신의 침대랍니다."

숨쉬게 하라!

내 입을 막으려면 막아 보라! 나를 괴롭히는 것이
무엇인지 말하겠지만 지금은 아니다
다음에 말하겠다 어쩌면 집에 가는 길에 말할지도
크나큰 우단 같은 어둠이
잔디밭을 덮고
학대받는 고아들 발밑에서는
마른 잎들이 바삭거린다

나무들은 바람마저 닿지 않는
마을 언저리에
웅크리고
모래알들은 벙어리 모양
가로등만 빤히 쳐다보는데
오리들은 울며 울며 헤엄쳐 가고

이곳은 아주 외지다
무언가 나를 덮칠 것 같은 곳이다
누가 돌연 어깨에 부딪치고는
말없이 지나간다
나는 뒤돌아본다
그는 내가 가진 것을 약탈할 수도 있겠지만
나는 싸울 힘이 없다
없다 없어

그들은 내가 언제 누구와 왜 연락하는지
내 통신을 추적하고
내 꿈의 사본도 가지고 있다
그 꿈이 무엇을 의미하는지
누구 때문에 꾸는 꿈인지도 기록하고 있다
나에 대한 최근 기록이 어떤지 몰라도
그들은 조만간 행동을 취해
나의 권리를 침해하리라
어머니가 사는 마을처럼
여기저기 흩어져 있는 마을에
정의는 낙엽처럼
무수히 쓸려 폐기되었다

대물려 쌓인 녹(綠)에 고통받는 마을들
먼지를 휘날리는 바람처럼
그들은 흐느껴 신음한다

나의 정의감은
그런 것과는 좀 다르다
부패한 자들이 항상 뜻을 이룬다는 말
나는 그 말을 거부한다
의인들은 무엇이 두려워
투표권을 행사하지 않고
눈을 감는가 바보들이다
그들은 장례식장에 가는 편이 더 편하다

그것은 나의 정의감과 다르다
나는 어려서 매를 맞기도 했다
아무런 이유도 없이
친절한 말 한마디면 말을 들었을 텐데도
하지만 어머니는 먼 곳에 있었고
나는 고아가 되었고
그들은 친절하지 않았다

나는 이제 성인이다
생명 없는 금속이 치아를 붙들고 있고
수많은 죽음으로 가슴은 굳었다
나는 내 권리를 안다 나는 죽은 나무가 아니다
이 살가죽이 무어라고 몸을 사릴까
나는 방관하지 않고 마음속 말을 내뱉으리라
나는 자유로워지리라
마음이 부르는 소리를 들으리라
우리는 짐승이 아니다 우리에게는 이성이 있다
우리는 귀먹지 않았다 벙어리도 아니다
우리가 원하는 것은 충만한 삶이지
가득 채워진 기록이 아니다

우리는 자유로워질 것이다
하고 싶은 말을 할 것이다!
어린이들에게 자유를 가르치고
그들을 놀게 하리라 마음껏 놀게 하리라
어린이들을 마음껏 놀게 하리라

당신들만 내 시를 읽어야 한다

나를 잘 알고 나를 사랑하는 당신들만
내 시를 읽어야 한다
당신들은 허무를 항해하면서 선지자처럼
미래를 예언할 수 있으니까

이제 당신들 꿈의 침묵은
인간의 형체를 갖추게 되었으니까
가슴속에는 간혹 호랑이와
온순한 사슴이 나타나니까

봄날의 진흙탕

비가 내리네 퍼붓네
거리에도 공원에도 들에도
개천은 콸콸 도랑은 철철
낡은 건물 외벽엔 곰팡이만이
빗물은 말의 다리를 타고 흐르네
축복의 빗물 순수한 눈물
지붕 위에도 흙탕물이, 흙탕물이
땅은 온통 부드럽고 따뜻한 진흙탕
말도 집도 하늘도
모든 게 부드럽고 진흙투성이고 따뜻하네

아이들은 창가에 서서
퍼붓는 비를 바라보며 바람 소리에 귀기울이네
그들의 마음 또한
따뜻하고 부드러운 진흙탕

씨앗 같은 평화가
집 위에 말에 사람들 가운데 있고
만물이 한 식구인 곳
깊은 곳까지 내려가는
씨앗 같은 그 평화는
영원하고 부드럽고 따뜻한
진흙으로 만들어진 것

그 모든 키스를 소비한 뒤
무조건 그 속으로 뛰어드는 기분이란

4월 11일

이삭을 뒤흔들고
참새들을 흘끗 보고
4월 어느 날
저녁 어스름 속 강풍이
나를 퍼 올렸다

그녀는 제 자식을 찾아 나서
가는 길에 우연히 나를 발견하고는
환호성을 지르더니 웃는 나를
커다란 젖가슴에 끌어안고 자장가를 불렀다

그리고 나를 데리고 마을과 들판으로 세차게 불어 가다
나를 진흙투성이가 되도록 굴리더니
낄낄 웃으며 나를 세차게 끌어당겨
도시 변두리의 진창으로 데려갔다

거리의 장난꾸러기들이 배회하다
장난기 어린 싸움을 벌였다
그들은 소리치고 나는 깩깩 울어댔다
그러다 그들은 하던 짓을 그만두었다

큰 명절인가 보다
신자들이 줄지어 교회로 몰려들었다
슬픈 손으로 안수하여 그들을 축복하는
성인들의 손은 떨리고 동작은 불안정했다

종소리가 울리기 시작하자
광활한 저녁의 평화가 사람들의 마음속에 스며들었다

살인자가 살인을 완수하고
모자를 집어 들고 그 자리를 뜨고 있었다

작은 송판 받침대 위의 튤립
살아 숨쉬는 희망
나는 1905년 헌법으로 제정되었다

카드놀이를 좋아하는 노동자에게는 아들
그 젊고 아름다운 세탁부에게는
진창의 공원 그리고 야망과 목표
숄에 둘둘 말린 근심덩어리

그 가련한 여인은 세상을 떠난 지 이미 오래건만
바람은 그녀의 아들을 가만 내버려두지 않는다
우리는 숲속에서 신음하며 밤을 지새우다
동이 틀 때 잠든다

안개 속에서, 침묵 속에서

더는 인생의 시중을 들지 않으련다
그냥 생긴 대로 살련다

길이 없어도 괜찮다
긴 날도 결국 저물기 마련이니까

내 눈은 햇빛을 빼앗기고
불꽃 솟는 모양을 바라본다

불꽃은 타올라 사그라지겠지만
피를 보아야 한다면 다함이 없으리라

나를 해한 사람을 해하지 않으리라
나를 동정한 사람을 동정하지 않으리라

너희 군벌들은 흡족하여도 좋다
내 몸 가죽은 굶주림을 모른다
그래 내게 무슨 일이 생겼다만
그건 죽음도 평온도 아니다
여기 차이고 저기 차여도
이번에는 욕하지 않았다

이전에 환한 빛 너머
안개를 보았거늘

발버둥치는
이 미친 세상 너머

하늘도 땅도
침묵은 가난한 자들의 것이라더라

안개와 침묵은 빛나지 않아
나는 그것들을 내 것으로 삼았지

내 안의 무언가 비틀거리다
하수구에 빠지네

이 모두가 끝나기를 끝까지 기다리기는
얼마나 끔찍하고 엄청난 복수인지

나 같은 사람들에 대해 들어 안다는 것
그리고 누군가 망연자실하여 보게 될 때

그렇게 보고는 안개와 침묵 속에서
달을 향하여 미치광이처럼 비명을 지를 때

입에 담기에 너무 끔찍한 저주를
안개 속에서 그 관리인과 개에게
무엇보다 나 자신에게 저주를 퍼부으며
그 역병을 향하여 비명을 지를 때!

저녁 구름 위에

저녁 구름 위에 검은 풀이 천천히
빛을 흡수하고 땀방울 맺힌 우리 얼굴에
다이아몬드 같은 공기를 흩뿌리며 돋아난다.
세상이, 잔잔한 바람이, 얼음에 덮인 산 위에 녹아내린다

허공에 집어던진 돌이 떨어지지 않고
키스가 되어 커다랗고 부드럽게 날갯짓하며
높이 날아오르고 오르다 우리에게 이른다.
우리의 골수는 제각기 북극성처럼 빛나고
모두 한데 모인 그 빛에
우리의 손에 가린 빵과 물이 보인다.
무엇이 진리냐고 내가 벽에게 묻자
벽이 사라지더니 저 별 아래
내 주위에 앉아 있는 너희들이 모두 보인다.
눈꺼풀이 감기고 비단 같은 유리를 어루만지지만

너는 헛것만 본다.
미지의 연인과 잠을 자는 우리들 꿈속에서는
매 순간 알로에 꽃이 핀다. 그 연인은 이불이 벗겨진다고
살며시 건드려 알려 준다.

아틸라 요제프

아틸라 요제프야, 난 널 정말 많이 사랑해, 이 사랑은
축복받은 사랑스러운 여인, 어머니가 물려준 것이지.
어머니가 나를 낳았거든.
우리는 인생을 신발이나 세탁소에 비유할지언정
우리가 살아 있어서 기쁜 이유가 어딘가에는 있어.
사람들은 하루에도 몇 번 세상을 구할 듯 떠들어대도
성냥불 하나 밝히지 못하지. 그런 말은 신물이 나.
계속 그러느니 자아(自我)에게로 여행하는 편도 승차권을 끊는 게 좋을 거야
자아는 분명 우리 안 어디엔가 숨어 있을 거야.
매일 아침 나는 상쾌하고 건강하도록
찬물에 생각을 씻지
가슴속에 다이아몬드를 심으면 아름답고 따뜻한 노래가 싹틀 거야.

어떤 사람들은 말을, 차를, 비행기를 타고 다니지만
그런 건 내게는 진부해. 아침에 종달새의
노랫소리에 귀기울이고
누워 있어도 난 이미 깊은 구렁을 지나 왔어.
진정한 영혼은 주일에 입는 때때옷처럼 잘 보관해 두어야 해,
환희와 축제의 그날을 위하여, 흠 없이.

여름

황금빛 평원, 마리골드,
무게 없는 유선형 밭.
산들바람이 은빛으로 빛나는 자작나무의
생기를 털어 낸다. 하늘이 흔들린다.

어디선가 날아온 벌 한 마리,
내 냄새를 맡고는 윙윙 날아가 들장미에 앉으니
타는 듯 붉은 꽃 머리를 조아린다.
아, 진홍색 여름은 아직 새파래라.

점점 더 퍼지는 아련한 움직임,
모래밭에는 핏빛 산딸기.
밀 이삭은 고개를 끄덕이며 바스락바스락.
폭풍우가 대지에 내려앉는다.

내게 여름의 끝은 너무 빨리 왔다!
용처럼 뭉쳐 구르는 잡초더미 타고 바람이 다니네.
동지들이여, 하늘이 서로 부딪치니
첫 번째 낫의 날이 번쩍인다.

설움

나는 사슴처럼 달아났다
눈에는 하시라도 터질 듯 설움이 가득
나무둥치를 물어뜯는 이리 떼
내 마음속에서 나를 쫓는다

나는 오래전에 뿔이 잘렸다
그 뿔이 나뭇가지에 걸려 흔들거린다
아, 나는 사슴이었지만
이제는 상심한 이리가 되리

나는 멋지고 작은 이리가 되리
마법 같은 동작으로 멈추어 서서
다른 이리들은 입에 거품을 물고 있어도
나는 미소 지으리 미소를 잊지 않았다면

암사슴 소리에 귀를 세우고는
잠들어 눈을 감으리
그러면 검은 뽕잎들이 떨어져
내 어깨를 덮으리

내 사랑

꽃잎은 밤이면 서로 밀착하지요.
나는 당신 키스보다는,
아기를 안은 엄마처럼,
오직 당신이 곁에 있다는 사실을 느끼고 싶다오.
배나무가 접목과 함께 자라듯
나도 당신에게 접붙고 싶다오.
당신의 입술을 내게 주오
영원한 당신의 입술이 새겨지면
밤도 나도 더 아름다우리.

너무나 따뜻한 당신,
봄비를 약속하는 봄바람,
부드러운 진흙은 술래잡기하라고
아이들을 유혹하고.

나는 당신이 내 마음의 향기로운 숲에 들어와
나를 찾기를 얼마나 기다렸는지 모른다오.
짐승 같은 굶주림은 불과 얼음처럼
뿔을 대고 서로를 찌르지만,
지금은 얌전히 당신의 백합꽃에 둘러싸여
풀을 뜯고 있다오.

마침내 여기에 온 당신, 내게 이끌리어 온 당신.
아직은 서로의 입김을 보기에 너무 어두워.
양치류 모양 유리창을 덮은 성애만 보일 뿐.
새벽이 왔어요, 새벽이!
그런데 난 아직 키스 얘기만 하고 있고!

다이아몬드

언제든 시편을 읽을 시간은 있다.

다이아몬드 산에 섰어도
주머니에는 돌만 가득.
천사였던 것을 잊고
흰 날개를 이부자리 삼고는
힘을 달라 애타게 기도하는데
발밑의 포석은 닳고 닳아 구멍나고
가슴속 이내 별은 얼어붙었네.

그래, 그래, 그렇다.
뱃사람들은 모두 물에 가라앉고
온순한 사공은
하느님에게로 노를 젓는데
노인들은 잡일을 하기 전 둘러앉아

먼 옛날 물고기들에게 헛되이
인내를 설교하네.

그래, 그래, 그렇다.
친구들이여,
우리가 공을 던지기보다는
주먹을 휘둘렀다는 말을
곧이듣지 말자!
모두를 어르되
하이에나와 두꺼비마저 품자.

우리는 다이아몬드 산에 섰으니
흑설은 우리의 죄를 모두 묻어 주고
성신은 우리의 혀를 풀어 마음껏 말하게 해 주기를

무궁한 수정(水晶)이여!

머나먼 헝가리

머나먼 헝가리,
저 산 너머 저 멀리 헝가리.
찌르레기 울 녘이면 오는 그녀,
실오라기 하나 안 걸치고
훈훈한 바람 부는 박명에
빛으로 오네.
그녀의 노랫소리 맑게 울리더니
모루를 두드리는 망치 소리 따르네.

하느님, 혹시 헝가리를 아세요?
그녀의 말은 어렵고
내 마음은 무거워요.
하느님, 혹시 헝가리를 아세요?

아침 바람처럼 뛰노는

계집아이들
머리칼은 동쪽 하늘
구름을 쫓는데
그녀는 여기서
밀가루 반죽 두 가닥을 꼬고 있다네.
아, 백합꽃 향기보다도 가녀린 그녀,
밤에 피는 꽃의 그림자보다도 빈약한 그녀.

하느님, 혹시 헝가리를 아세요?
거긴 지금 가을인데
그녀를 심을 데를 주님은 잊으셨나요?
당신의 외롭고 메마른 꽃을요?

드디어 고향을 찾았다

드디어 고향을 찾았다,
나 죽어 묻히면—
다행히 땅속에 묻힌다면—
묘비의 이름이 틀리지 않게 쓰일 고향을.

이 땅은 자선함처럼
나를 받으리.
전쟁 때 쓰다 남은 쓸모없는 동전이야
아무도 원하지 않겠지만,

새 세상, 권리, 토지, 이런
좋은 말이 새겨진 반지를 원하지야 않겠지만.
우리의 법은 아직은 전시(戰時)에는 유용하고
대접받는 것은 금반지라네.

나는 오랜 세월 혼자였다.
그리고 사람들이 찾아왔다.
"혼자 사시는군요." 그들은 말했다.
나는 기꺼이 그들과 더불어 살았을 텐데.
나는 그렇게 살았다. 헛되이.
내가 제일 먼저 이 말을 하는 사람일 테지.
그들은 나를 바보 노릇하게 만들었다.
나의 죽음마저 쓸데없다. 아무짝에도.

나는 사는 동안은
회오리바람에 저항하려 애썼다.
재미있는 것은, 나는 해가 되기보다는
해를 당한 일이 더 많았다는 사실이다.

봄이 좋다, 여름도 좋다,
가을은 더 좋지만 겨울이 제일 좋다,
집을 가지고 가정을 이루는 희망을
다른 이들에게 남기고 가는 사람에게는.

나는 시인의 연보를 읽는 것을 좋아한다

심보선 시인

한국의 독자들은 아마도 존 버거의 『제 7의 인간』을 통해서 아틸라 요제프의 시를 처음 접했을 것이다. 나 또한 그러했다. 어느 날 친구가 전화로 존 버거의 책에 실린 「제 7의 인간」이라는 시를 읽어 주었다. 나는 단번에 그 시에 매료되었고 아직도 그 시의 울림은 오래도록 내 마음속에 남아 있다. 그러던 차에 아틸라 요제프의 시선집이 발간 준비 중이라는 반가운 소식을 들었다. 소식에 따르면 「제 7의 인간」이라는 시는 「일곱 번째 사람」이라는 제목으로 다시 번역되었다.

아틸라 요제프의 「일곱 번째 사람」은 그 자체로 하나의 삶을 담고 있는 시다. 태어남, 생존, 사랑, 시, 그리고 죽음이 있다. 그런데 이 지난한 삶의 주인공은 한 사람이 아니라 일곱 명의 사람이다. 아틸라 요제프는 그 사람들을 순서대로 호명한다. 그런데 일곱 번째는 비어 있다. 그 자리를 누가 채울 것인가? 그 일곱 번째 사람은 바로 당신이어야 한다고 시인은 말한다. 시인의 셈법은 그러하다. 언제나 모자라는 것이 있다. 그러나 빈 부분을 채우는 것은 또 다른 부분이 아니다. 정체를 알 수 없는 수수께끼 같은 존재, 너라고 부를 수밖에 없는 어떤 인간, 가능성으로 충만한 삶의 주인공. 그러므로 일곱 번째 사람은 셈을 종결하는 사람이 아니라 다시 시작하는 사람이다. 오늘의 일곱 번째 사람은 바로 내일의 첫 번째 사람이다.

  나는 시인의 연보를 읽는 것을 좋아한다. 특히 연보를 거꾸로 읽는 것을 좋아한다. 말하자면 요람에서 무덤이 아니라, 무덤에서 요람으로, 역순으로 시인의 삶을 되짚어 보는 것을 좋아한다. 출판사에서 보내 준 아틸라 요제프 연보의 마지막 페이지를 보았다. 1937년 아틸라 요제프는 헝가리 남서부 발라톤사르소읍에서 화물열차에 깔려 자살했다. 열차 안에서 권총자살을 한 다른 시인이 떠올랐다. 그러자 왠지 시인과 열차는 상극이라는 생각이 들었다. 어쩌면 모든 시인은 질주하는 자본주의 기계인 열차와 싸우다 죽는지도 모른다. 제법 오래 살다가 노년에 침대 위에서 죽는 시인도 마찬가지다. 그/그녀 또한 종착역에 도착하기 직전에 달리는 열차에서 자신의 초라한 침대 위로 뛰어내려 죽은 것이라고 제멋대로 상상해 본다.

아틸라 요제프는 짧디짧은 인생 내내 어디에도 정착하지 못했다. 평생 당국과 교회와 학교로부터 "정치 선동과 외설"의 혐의를 받았다. 그는 학교에서 쫓겨나 다른 학교들을 전전하였다. 우울증으로 병원을 빈번히 드나들었고 자신의 신념을 좇아 가입한 당에서조차 제명당했다. 연보를 마저 거슬러 올라갈수록 삶의 비참은 줄어들지 않고 오히려 더해진다. 그의 어머니는 일찍 돌아가셨다. 어머니가 살아계실 때도 그는 고아원에 있었다. 그의 아버지는 공장 노동자였고 어머니는 일용직 노동자였다. 그의 나이 세 살 때, 아버지는 가족과 헝가리를 버렸다.

아틸라 요제프는 1905년에 태어났다. 32년의 짧은 인생 동안 그가 가졌던 직업은 다양했다. "가정교사, 신문판매원, 선박 급사, 도로포장 노동자, 경리, 은행원, 책 외판원, 신문 배달원, 속기사, 타이피스트, 옥수수밭 경비원, 시인, 번역가, 비평가, 배달원, 웨이터 조수, 항만 노동자, 공사장 인부, 날품 노동자" 이 모든 직업을 전전했다. 아틸라 요제프는 첫 시집 『아름다움의 구걸인』을 열일곱 살에 냈다. 열일곱 살이라니! 그는 천재였던가? 아마도 천재였을 것이다. 그러나 그의 어두운 연보를 보건대, 그가 일찍이 시와 사랑에 빠진 것은 단지 재능 때문만은 아니었을 것이라는 짐작이 든다. 아버지로부터 버림받고 어머니와

사별한 아이가, 가난과 외로움에 시달리며 생존에 급급하던 아이가, 인간답게 살고 싶어서, 인간이 되기 위해서, 필사적으로 시에 매달렸던 것이다.

아틸라 요제프의 시에는 비참한 현실과 싸우는 시인의 자의식과 미래를 향한 유토피아적 충동이 가득하다. 그는 「마지막 전투」라는 시에서 시인을 "인간의 영혼을 위한 전쟁의 심해 잠수부"라고 정의한다. 시인이 뛰어드는 전쟁은 단순히 권력과 이념을 둘러싼 전쟁이 아니다. 시인은 인간의 영혼을 위한 전쟁에 복무한다. 시인은 심해로 내려가 가쁜 숨을 꾹 참고 어마어마한 수압을 견디며 현실의 수면으로부터 가라앉은, 이제는 더 이상 수면 위에서 찾아보기 힘든 인간 영혼의 잔재들과 흔적들을 수집하고 전시하는 존재다.

결국 이렇게 말할 수 있겠다. 가난과 외로움에 시달리던 아이를 구원해 준 시가 그 아이를 또 다른 싸움으로, 바다 깊은 곳의 싸움으로 내몰았다. 그러나 이제 그 싸움은 더 이상 가난하고 외로운 아이가 홀로 수행하는 싸움이 아니다.

노동자라고도 하고
시인이라고도 하는 그들—

노동자든 시인이든 매일반이라네
조금씩 피를 쓰다
투명해지고
미래를 향한 큰 크리스털 유리창을
우리를 위하여 끼운다네

—「유리 제조공」부분

　피를 낭비하면서, 바닷속으로 사라지면서, 한없이 투명해지는 우리들. 자신이 제작한 사물을 생계를 위한 상품이나 권력을 위한 무기로 보지 않는 우리들. 대신 그것들을 자신의 피땀이 밴 영혼의 증거로, 미래를 향한 빛나는 입구로 대하는 우리들. 노동자이자 시인인 우리들. 시가 축복이자 저주인 우리들. 일곱 번째 사람인 우리들. 우리들은 깊은 바다 밑에서 만나 삶과 죽음이 하나로 이어진 물방울의 연대를 이룰 것이다. 그리하여 우리들은 이 지상에 단 한번도 존재하지 않았던 일곱 번째 나라를 건설할 것이다.

옮긴이의 말

유네스코는 2005년을 '아틸라 요제프의 해'로 정하고 그의 인생과 작품을 집중 조명했다. 그해 4월 11일 헝가리에서는 그의 탄생 100주년을 기념하여 요제프의 시를 낭송하고 경야하는 등 대대적인 추모행사가 열렸다.

작곡가 벨라 바르토크가 중앙유럽 민요의 멜로디와 리듬을 취해 일사불란하고 엄밀한 곡을 지었다면, 아틸라 요제프는 헝가리 시의 전통적 운율과 음보를 취해 그것으로 자신의 고통과 당시 아방가르드 작가들이 추구한 인도주의적 관심을 표현했다.

미국 시인 앨런 긴즈버그는 1976년 미국에서 영역 출간된 요제프의 시집을 그가 꼽는 시집 80권에 포함시키고, 여기저기 자신의 시에 요제프의 이름을 언급했다. 하지만 헝가리 민중의 사랑을 받은 요제프는 미국은 물론이고 프랑스에서도 거의 잊혔다가 앞서 언급한 2005년을 계기로 시인들과 비평가들의 집중적인 주목을 끌기 시작했고, 유럽의 시인들은 기념시를 지어 요제프에 대한 기억을 새롭게 했다.

아틸라 요제프는 1905년 부다페스트에서 삼남매의 셋째로 태어났다. 세 살 때 아버지가 집을 떠나 어머니 홀로 어려운 생계를 꾸려야 했다. 그는 1910-1912년에 남의 집에 위탁되어 돼지치기를 하다 아홉 살에는 자살을 기도했고, 1919년에는 어머니가 과로에 시달리다 암으로 죽었다. 고등학생 때인 1922년에 첫 시집을 낸 요제프는 1925년에 두 번째 시집을 냈는데, 담당 교수의 미움을 사고는 학교를 마치지 않은 채 비엔나로 향했다. 그곳에서 온갖 허드레 일로 생계와 학업을 유지하다 파리까지 간 요제프는 소르본 대학교에 입학했다. 이 시기에 그는 헤겔과 마르크스를 읽고 혁명을 꿈꾸었다.

요제프의 작품은 문학비평가 게오르그(원음은 '죄르지') 루카치의 찬사를 받았고 1927년에는 프랑스의 여러 문학 잡지에 그의 시가 실렸지만 희망은 잠시뿐, 불행이 그를 가만 내버려 두지 않았다. 중산층 여성과의 사랑이 실연으로 끝나자 그는 신경쇠약에 심신을 꺾이고, 1927-1928년에 걸쳐 다니던 부다페스트 대학교를 그만두어야 했다.

1930년 당시의 헝가리에서는 불법이었던 공산당에 입당했으며, 이듬해에는 자신의 시와 수필 때문에 정치선동죄로 피소되는 시련을 겪었다. 그럼에도 꾸준히 시를 발표해 1936년에 이르러서는 비평가들의 폭넓은 관심을 끌었고 이념적으로는 인도적 사회주의 사상에 동조하기 시작했다. 1931년에는 정신과 치료를 받기 시작했는데 아무런 효과를 보지 못했다. 1933년에는 스탈린주의자들에 의해 공산당에서 쫓겨났고, 1935년에는 심각한 우울증으로 입원 치료까지 받았다. 1936년에는 주요 좌익 문예지의 편집인으로 일했지만, 이듬해 12월 자살로 짧은 인생을 마쳤다.

이렇듯 아틸라 요제프는 평생 가난과 외로움, 고통에 시달렸다. 남달리 사람들의 고통과 가난에 민감했던 건 그 때문이었을 것이다. 요제프의 시는 생존의 고통과 설움, 허무에 몰두하지만 그 이면에는 희망과 사랑이 배어 있다.

요제프의 시를 이끄는 인식은 '인권'이다. 그래서 그의 시가 위대하다. 충동적인 반항아 기질은 사회적 배경과 결핍에서 나온 것이지만, 그것은 요제프를 인권과 보편적 가치관의 대변인으로 만들었다. 그는 불굴의 인간애를 가졌으며, 그것은 사후에 빛을 발하여 1956년 헝가리혁명 때 자유를 갈구하는 헝가리인들의 가슴을 움직였다. 요제프의 시는 이미 '고전'이 되었으며, 지금도 많은 시가 노래로 만들어져 애송되고 있다.

한국 독자들은 눈빛 출판사의 『제 7의 인간』에 인용된 시 한 편을 통해 아틸라 요제프를 알게 되었을 것 같다. 『제 7의 인간』은 1975년 영국의 펭귄 출판사에서 출간한 존 버거('버저'가 원음)의 『A Seventh Man』인데, 이 책에 'The Seventh'라는 제목의 영어 번역시가 소개되어 있다. 이 시를 영어로 번역한 사람은 존 바트키(John Batki)인데, 『세상에 나오면 일곱 번 태어나라』의 번역 저본으로 삼은 『Winter Night』(1997)과 같은 번역자인데도 두 번역이 첫 행부터 서로 적잖이 다르다. 『A Seventh Man』에는 "If you set out in this world, better be born seven times."(1975)인데 『Winter Night』에는 "If you set foot on this earth, you must go through seven births."(1997)로 번역되어 있다. 처음부터 시 전체의 의미와 뉘앙스가 다르다. 존 바트키는 머리말에서 20년 이상 계속 요제프의 시들을 번역했으며 개고에 개고를 거듭했다고 밝힌다. 그렇다면 존 버거가 인용한 시는 아마도 초역이었을 것이다. 이처럼 어떤 원문을 택하는가에 따라, 같은 원문을 누가 번역하느냐에 따라, 같은 번역가라도 언제 번역하느냐에 따라 결과는 조금씩 달라질 수 있다. 내가 쓴 글이나 번역이라도 시간이 흐른 뒤에는 생소하게 느껴질 수 있고 달리 고치고 싶은 마음이 드는 것은 흔한 일일 것이다. 다만 옮긴이는 원저자의 의도를 파악하고 그것을 최대한 살릴 수 있도록 모든 수단과 방법을 동원할 수 있을 뿐이다.

이 번역서는 앞서 언급한 존 바트키의 『Winter Night: Selected Poems of Attila József』(Oberlin: Oberlin College Press, 1997)와 피터 하기타이(Peter Hargitai)의 『Attila József Selected Poems』(New York: iUniverse, 2005)에서 대표적인 시들을 엄선하여 옮겼다.

아틸라 요제프 시집은 2014년 아티초크에서 국내 최초로 출간되었고, 쇄를 거듭한 뒤 절판되었다가 판을 달리하고 새로 편집되어 다시 세상에 나오게 되었다. 수고를 아끼지 않은 아티초크 출판에 감사드린다.

공진호

아틸라 요제프 연보

1905	4월 11일 부다페스트에서 삼남매 중 셋째로 출생. 아버지는 공장 노동자인 아론 요제프였고, 어머니 보르발라 피체는 파출부와 세탁부로 일했다.
1908	아버지가 가족을 버리고 떠난다.
1910-12	헝가리 남동부 마을 외최드의 한 가정에 위탁된다.
1917-18	모노르의 고아원에서 생활한다.
1918	누나 욜란이 변호사 외된 마카이와 결혼한다. 이로부터 2년 뒤 외된 마카이는 아틸라의 법적 후견인이 된다.
1919	12월 27일 아틸라가 시골의 조부모를 방문하는 사이 어머니가 암으로 사망한다.
1920	헝가리 남동부 읍(邑) 마코의 기숙학교에 입학

	한다.
1922	첫 시집 『아름다움의 구걸인』을 낸다.
1923	학교를 중퇴하고, 나중에 개인적으로 졸업시험을 치른다.
1924	「반항적인 그리스도」라는 시가 신성모독이라며 재판을 받는다. 세게드 대학교에 입학해 문학과 철학을 공부한다.
1925	두 번째 시집 『외치는 것은 내가 아니다』를 낸다. 「온마음을 다하여」라는 시에 격분한 호르게르 교수 때문에 학교를 떠난다. 9월 원고로 가득한 여행 가방 두 개, 빵 한 덩어리, 살라미 소시지, 30실링을 가지고 비엔나로 가 비엔나 대학교에 등록한다. 문학 후원자 하트바니 백작과 편집인이자 시인인 카셰크를 알게 된다.
1926	계속 비엔나에서 생활한다. 누나에게 다음과 같은 내용의 편지를 보낸다. "안나 레즈나이[작가], 벨라 발라슈[영화비평가, 작가], 게오르그 루카치[비평가]가 나를 정말 탁월한 시인으로 생각해. 국제적 (세계적이 아니라!) 자질을 지닌 최초의 프롤레타리아 서정시인이라고 말

---

* 부호 [ ] 안의 내용은 옮긴이가 보탠 것이다.

	이야. 그 시인은 곧 누나로부터 (가급적) 많은 송금을 받을 테고." 9월 파리에 도착해 소르본 대학교에 등록한다.
1927-28	부다페스트 대학교에서 두 학기를 다닌다. 국립학생구제기금에 다음과 같은 내용의 신청서를 제출한다. "가정교사, 신문 판매원, 선박 급사, 도로포장 노동자, 경리, 은행원, 책 외판원, 신문 배달원, 속기사, 타이피스트, 옥수수밭 경비원, 시인, 번역가, 비평가, 배달원, 웨이터 조수, 항만 노동자, 공사장 인부, 날품 노동자 등의 일을 했습니다." 마르타 바고와 연애하지만, 그녀는 런던 정치 경제 대학교로 유학을 떠난다. 신경쇠약으로 정신병원에 처음 입원한다.
1929	세 번째 시집 『아버지도 어머니도 없다』를 낸다.
1930	불법인 공산당에 입당한다. 유디트 산토와 사귄다.
1931	『비탄하지 말고 자본을 쳐라』(자작시와 프랑스 시인 비용의 시 번역)를 출간하지만, 책을 당국에 압수당하고, "정치 선동과 외설"로 처벌을 받는다. 정신과 치료를 받기 시작한다.
1932	다섯 번째 시집 『슬럼가의 밤』을 출간한다.

1933	공산당에서 제명된다.
1935	우울증이 심해져 다시 입원한다.
1936	하트바니 백작이 자금을 대는 잡지 《셉소》에 저널리스트 팔 이그노투스와 나란히 공동 편집인이 된다. **12월** 아틸라가 마지막으로 사랑하는 여자 플로라를 만난다.
1937	**1월** 토마스 만을 만난다. 경찰이 개입해 아틸라가 만을 환영하는 시의 낭독을 금한다. **2월** 입사지원서의 일부로 자기소개서를 쓴다. 그의 생일에 다음과 같은 글을 쓴다. "나는 32년 전, 그러니까 교도소 기록에 의하면 1905년 밤 9시에, 사법적으로 구류되었다가 강제노역이라는 종신형 처벌을 받았다. 선동죄, 간첩죄, 비밀누설죄, 부적절한 노출죄, 부랑죄, 반복적인 스캔들죄, 병적인 거짓말죄가 죄목이었다. 사면 청구가 기각되어, 나는 선도 불능 범죄자들의 세계로 이송되었다. 당국은 고문을 통해 얻은 증거를 제출함으로써 조사 결과가 무효임을 감췄다. 나는 그 고문이 끊이지 않았음을 증언할 수 있다. 나는 결백을 주장했지만 헛수고였다. 법정은 조사 결과와 강요된 고백을 받아들여

판결을 내렸다." 여름. 신경쇠약이 도져 시에스타 요양소에 입원한다. 인슐린 쇼크 치료를 비롯한 과격한 향정신성 의약 치료를 받는다. **11월 4일** 두 누나가 보호자가 되어 퇴원한다.
12월 3일 헝가리 남서부 발라톤사르소읍에서 달리는 화물열차에 몸을 던져 자살한다.

(위, 왼쪽) 엄마와 누나들과 함께, 1908년.

(위, 오른쪽) 아틸라 요제프 가족사진, 1919년 부다페스트. 그해 12월 27일 요제프가 시골의 조부모를 방문하는 사이 어머니가 암으로 사망한다.

(왼쪽) 1917-1918년, 모노르의 고아원에서 생활할 당시. 왼손에는 총을 들고 있다.

(위) 연인 마르타 바고와 행복했던 시절. 1928년 바고가 런던 정치 경제 대학교로 유학을 떠나자 요제프는 신경쇠약으로 병원에 처음 입원한다. 그의 시 「마지막 전투」에서 "어려움에 처한 부잣집 여자와 사랑을 나눴지만 그 계층은 친절하지 않았다"의 주인공은 중산층 출신의 바고를 가리키는 것으로 알려져 있다.

(왼쪽) 1930년 요제프는 공산당에 입당하고 이듬해 『비탄하지 말고 자본을 쳐라』를 출간한다. 그러나 "정치 선동과 외설"이라는 미명 하에 책을 모두 당국에 압수당하고 처벌을 받는다. 이 사진은 정신과 치료를 받을 당시의 모습으로 추정된다.

(위) 1924년 가을, 헝가리의 한 극장 앞에서.

(왼쪽) 1927년, 헝가리 정치가 언드라시 동상 앞에 선 요제프. 1925년 교수와의 불화로 세게드 대학교를 떠나 원고로 가득한 여행 가방 두 개, 빵 한 덩어리, 살라미 소시지, 30실링을 가지고 무작정 비엔나로 향한다. 그곳에서 신문팔이와 청소부, 과외교사를 하며 비엔나 대학교에서 공부하고, 이듬해 파리 소르본 대학교에서도 수학한다. 이 사진은 헝가리로 돌아와 부다페스트 대학교에 다닐 때 찍은 것이다. 남루한 양복과 구두, 그리고 미소가 눈에 띈다.

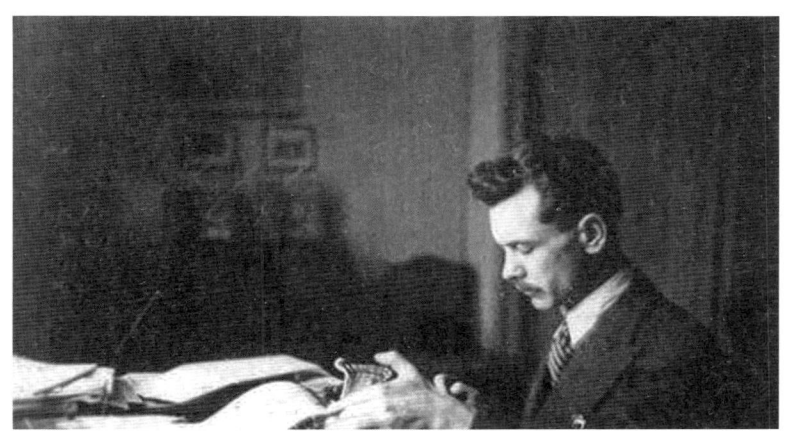

(위) 타자기로 글을 쓰고 있는 아틸라 요제프.

(왼쪽) "젊은 작가, 달리는 기차에 몸을 던지다, 아틸라 요제프의 끔찍한 자살"이라는 제목으로 난 신문 기사.

옮긴이 공진호

서울에서 태어나 뉴욕 시립 대학교에서 영문학과 창작을 공부했다. W. G 제발트 인터뷰집 『기억의 유령』, 조지 오웰의 『1984』, 『동물농장』, 『버마의 나날』, 윌리엄 포크너의 『소리와 분노』, 허먼 멜빌의 『필경사 바틀비』, 하퍼 리의 『파수꾼』, 루시아 벌린의 『청소부 매뉴얼』, 제임스 조이스 시집 『사랑은 사랑이 멀리 있어 슬퍼라』, 베르톨트 브레히트 시집 『꽃을 피우는 사과나무에 대한 감격』 등 다수의 번역서를 냈다.

세상에 나가면 일곱 번 태어나라
아틸라 요제프 시집

발행일 2024년 4월 30일

지은이 아틸라 요제프
옮긴이 공진호
번역저작권 © 공진호 2024
펴낸곳 아티초크 (Artichoke Publishing House)
출판등록 제25100-2013-000008호
주소 경기도 성남시 분당구 탄천상로 164, A-303 (13631)
전화 031-718-1357 | **팩스** 031-711-1351
홈페이지 artichokehouse.com

이 책의 전부 또는 일부를 재사용하려면
반드시 번역 저작권자와 아티초크 출판사의 동의를 받아야 합니다

ISBN 979-11-86643-18-1 03830